LES CHOUANS
DE LA
RÉPUBLICAINE
DE MALESTROIT,

Fait historique et récent, en un acte,
en prose, mêlé de vaudevilles ;

Représenté à Brest, le 10 brumaire, troisième année
républicaine.

Par F. M. J. RIOU et Jph. PAIN.

─────────────────────────

...... La vertu plus que l'esprit y brille ;
Les mœurs en proscrire la lecture à sa fille.
                                  PIRON, *Métr.*

─────────────────────────

A BREST,
Chez AUDRAN, imprimeur de la représentation
nationale.

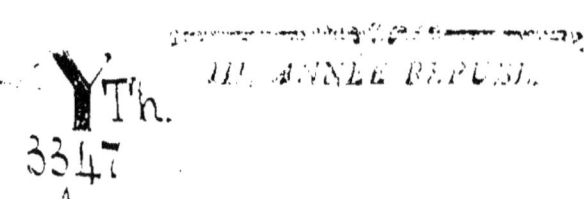
III.ᵉ ANNÉE RÉPUBL.

LES CHOUANS

OU LA

RÉPUBLICAINE

DE MALESTROIT,

Trait historique et récent, en un acte, en prose, mêlé de vaudevilles,

Représenté à Brest, le 16 brumaire, troisième année républicaine.

Par F. M. J. RIOU et Jph. PAIN.

―――――――――

…… La vertu plus que l'esprit y brille :
La mère en prescrira la lecture à sa fille.
                                    PIRON, *Métr.*

―――――――――

A. BREST,

Chez AUDRAN, imprimeur de la représentation nationale.

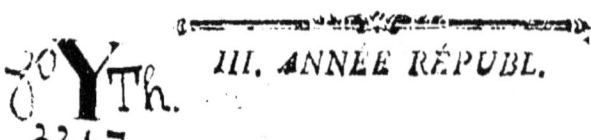

III. ANNÉE RÉPUBL.

Extrait du bulletin de la Convention, du 6 vendémiaire, N°. 7.

La société populaire de Vannes instruit la Convention que les Brigands se sont portés dans la forêt de Trédion, dans la maison de *le Floch*; & qu'après avoir consommé toutes les subsistances qu'ils y trouvoient, ils forcèrent l'épouse de *le Floch* de monter un de leurs chevaux, & d'aller à *Malestroit* s'informer si leurs camarades s'étoient emparés de cette ville, lui déclarant qu'ils retenoient en ôtage son mari & son enfant, qu'elle allaitoit, pour la sûreté de ce voyage, qui devoit être fait en six heures. Cette tendre mère arrose de larmes son mari & son enfant, les laisse au pouvoir des Brigands & se met en route; mais au lieu d'aller à Malestroit, elle se porte furtivement chez un bon citoyen du voisinage, qui avertit de suite les chefs de la force armée, & les Brigands sont obligés de fuir.

A LA CITOYENNE PAIN.

Air : *Du vaudeville de la jambe de bois.*

Ô toi qui répands le bonheur
  Au sein d'un paisible ménage,
Avec plaisir lis ce trait de courage ;
Notre héroïne a des droits sur ton cœur.
  En jugeant sa tendresse extrême,
  Juge encore son dévouement :
On doit toujours prononcer aisément
  Sur les vertus qu'on a soi-même.

Deux foibles auteurs ont ici
  Réuni leurs efforts, leur verve :
Daigne accepter l'enfant de leur Minerve ;
L'un est ton fils, & l'autre son ami.
  Leur prétention est égale ;
  Car l'un a l'amitié pour but,
Et l'autre t'offre un bien léger tribut
  De la piété filiale.

PERSONNAGES.

La citoyenne FLOCH, citoyenne Guérin.
Le citoyen FLOCH, citoyen Maurin.
Le père RENAUD, citoyen Villeneuve.
GILLES CORNIQUET, citoyen Dure-Mère.
Un Officier républicain, citoyen Gaspard.
Un Chef de Brigands, citoyen Rébillard.
Un Chouan partant, citoyen Rozel.
Autres Chouans,
Volontaires.

LES CHOUANS

OU
LA RÉPUBLICAINE DE MALESTROIT.

SCENE PREMIERE.

» *Le théatre représente une maison rustique. D'un côté une pile de sabots, de l'autre les outils d'un sabotier & plusieurs pièces de bois brut; sur une table un berceau doucement agité par le vieillard assis auprès; la femme au milieu tournant du fil au roüet; le mari, assis à un côté du théatre, lit une brochure avec intérêt. On remarque dans le fond une armoire.* »

Le citoyen FLOCH, sa FEMME, le père RENAUD.

LA citoyenne FLOCH.

TRIO DE RAOUL DE CRÉQUI.

Air : *Un jour Lisette alloit aux champs, &c.*

Peut-il être un destin plus doux
Entre mon fils & mon époux ?
Celui qui me donna la vie
Sourit à sa fille attendrie ;
Bon père !.... il vient..... il vient céans
Se réunir à ses enfants.

Le père Renaud.

Je vois le terme de mes maux,
Je retrouve ici le repos.
Depuis si long-temps je les aime ;
J'ai besoin d'être aimé de même.
mon cœur me dit qu'il faut mourir
Aux lieux où l'on sait me chérir.

Le c. Floch, (*occupé de sa lecture.*)

Quels républicains ! Quels héros !
Ils savent braver tous les maux :
De ces fiers ennemis des rois
Lisons (*bis.*) les immortels exploits.

Ensemble . . . . *Chacun chante son couplet avec les mêmes intentions.*

La citoyenne Floch.

Enfin, mon père, nous vous possédons ; nous ne vous ferons plus de reproches ; vous venez terminer votre carrière au milieu de vos enfants.

Le père Renaud.

Que veux-tu, ma fille ? Je sentois d'avance tout le charme de cette réunion, je la désirois. Mais j'étois retenu à Malestroit, où je demeurois depuis quelques années, par la force de l'habitude. J'y avois de vieux camarades ; nous trinquions souvent ensemble, & le verre à la main nous recommencions nos anciennes campagnes.

La citoyenne FLOCH.

Il étoit temps que vous vinssiez. Vous n'aviez pas encore vu ce petit marmot que vous bercez de si bon cœur.

Le père RENAUD.

Non : mais je l'ai reconnu d'abord ; c'est le portrait vivant de notre ami Floch ; il sera, j'ose l'espérer, aussi bon républicain que son père.

Le c. FLOCH, (*prenant part à la conversation.*)

Républicain.... eh ! qui ne le seroit pas, qui ne se féliciteroit pas de l'être, en apprenant les succès inouïs de nos frères d'armes, en lisant leurs faits héroïques ?.... Je tiens un recueil de leurs belles actions... je ne le lis jamais sans attendrissement. Tenez, je prends au hazard : ah !... Ecoutez.... C'est une belle réponse d'un capitaine de volontaires grièvement blessé & transporté à l'hospice.

(Air : *On compteroit les diamants.*)

» Mes amis, ne me plaignez pas,
Disoit le brave Bellerie,
Si le canon m'enlève un bras,
Il m'en reste un pour la patrie.
Je suis, (connoissez mieux mon cœur)
Alors qu'un laurier me couronne,
Plus grand sur ce lit de douleur
Qu'un tyran assis sur son trône. »

Eh bien ! n'est-ce pas là un brave homme ?

Le père RENAUD.

Cela ne m'étonne pas de la part de nos volontaires.

Le citoyen FROCH.

Je crois que nos marins vont s'efforcer de les égaler.

Voici le trait du Vengeur. (*Même air.*)

Ce vaisseau des mains des Français,
Voyant s'échapper la victoire,
Pour ne point se rendre aux Anglais,
Veut s'anéantir avec gloire.
De l'onde les gouffres ouverts
Lui semblent un asyle unique ;
Il s'enfonce.... & du sein des mers
S'élève encore un cri civique. (1)

---

(1) *On peut mettre à la place de ce couplet & du premier ceux que des circonstances récentes peuvent fournir.*

La citoyenne FLOCH.

Aussi ai-je ouï-dire que la Convention veut conserver le souvenir de cet intrépide équipage. Un nouveau Vengeur ira bientôt sur les mers venger celui-là. T sais, mon ami, que nous avons envoyé 50 livres pour la construction de ce vaisseau.... Mais vous, mon père, qui avez servi si long-temps, avez-vous vu de telles actions?

Voyons...... racontez-nous quelques traits de courage. Mais choisissez parmi les plus beaux; car, après ce qu'il vient de lire, nous avons le droit d'être difficiles.

Le père RENAUD.

Oui, j'ai servi long-temps; mais malheureusement c'est pour un tyran que mon sang a coulé. Ces beaux traits étoient rares alors: on se battoit bien néanmoins; car le Français n'a jamais manqué de courage... Pardi! dans mon régiment, (vous savez que je servois dans Auvergne, infanterie,) il s'est fait une belle action.... Je veux vous la raconter..... Quel dommage qu'un si brave militaire ne fût pas républicain!

FLOCH & sa FEMME. (*Ensemble.*)

Qui donc? Qui donc?

B

Le père RENAUD.

Ma foi *d'Assas*, le fameux *d'Assas* !

FLOCH & sa FEMME. (*Ensemble.*)

Qu'a-t-il donc fait?

Le père RENAUD, (*attentif au berceau.*)

Attendez; je crois qu'il dort.....
(*Il se lève & se place entre deux.*)

Ecoutez, vous autres.

Air : *Vous avez grand tort.*

Dans un bois placé,
Attendant notre avant-garde,
L'ennemi rusé
Avec soin s'étoit caché.
Le Français léger
Brave en riant la camarde;
Et va s'engager
Dans le plus affreux danger.

Air : *Aussi-tôt que la lumière.*

D'*Assas* aussi-tôt s'écrie :
» Amis, calmez cette ardeur;
Unissez pour la patrie
La prudence à la valeur.
A travers cette bruyère,
Moi seul je vais tout oser;
Pour ses enfants un bon père
Ne craint pas de s'exposer. »

Dans la forêt il s'avance....
Cent grenadiers ennemis
Se jettent sur lui.... *Silence !*
Si tu parles, tu péris. »
O d'*Assas !* que vas-tu faire
Pour sauver ton régiment ?   (*Suspension.*)

Il crie : » A moi, Auvergne ! c'est l'ennemi !

On le frappe... il tombe à terre,
Et nous l'y trouvons mourant.

La citoyenne Floch.

J'aime ce trait sans l'admirer. Quel bon Français n'en feroit autant en pareille occasion ? Je ne suis qu'une femme ; mais certes j'aurois crié comme d'*Assas* : *c'est l'ennemi !*

Le citoyen Floch.

D'accord, ma femme, tu aurois parlé ; cela n'est pas douteux. Mais s'il eût fallu te taire pour sauver le régiment !

La citoyenne Floch, (*un peu piquée.*)

Je l'aurois fait certainement. Juge de ce que je ferois pour sauver la patrie.

SCENE II.

Les précédents, GILLES CORNIQUET.

CORNIQUET.

Air : *Ah ! monseigneur.*

O, mes amis ! ah ! quel malheur !
Je sis quasi mort de frayeur.
On a vu d'loin v'nir les chouans :
I sont pu pis que les bringans....
Siz alloient nous égorger tous,
Mon Dieu, mon Dieu ! que ferions nous ?

(*Même air.*)

Moi j'n'sis pas du tout d'avis
De prendr' n'y bâtons ni fusils.
Ça pourroit fâcher ces messieux :
Filer tout doux n'vaut-il pas mieux ?

On entend des coups de fusils. (Il tombe à genoux en se tournant à moitié vers le fond).

Pardon, j'n'sis qu'un pauv bonet ;
Mon nom est Gilles Corniquet.

La citoyenne FLOCH.

Tais-toi, imbécille : ta frayeur aura peut-être grossi les objets.

CORNIQUET.

J'n'sis qu'un imbécille? elle est bonne là....
N'entendez-vous pas, citoyenne Floch?....
Ah! mon Dieu, mon Dieu, mon Dieu; les voici qui viennent.

Le FLOCH.

Eh bien! Nous les attendrons de pied ferme : ils ne peuvent, après tout, que nous ôter la vie. *C'est là que s'arrête la fureur des méchans.*

Le père RENAUD.

Nous ôter la vie!... Il faut la leur disputer : je veux pour ma part en échiner quelques-uns.... Des armes!.... (*Il cherche.*) Quoi! pas seulement un manche à balai!

Le citoyen FLOCH.

Des armes? j'en avois peu.... mais je les ai données à nos braves défenseurs. Dieux! voici les Chouans. Ah! mon pere! (*Il serre Renaud dans ses bras.*)

La citoyenne FLOCH. (*Elle s'élance sur le berceau.*)

Ah! mon enfant.
(*Corniquet effrayé se tapit dans une armoire.*)

SCENE III.

Le chef des Chouans, avec plusieurs des siens vêtus & armés diversement; les précédents, CORNIQUET caché.

Le Chef.

De par le Roi.

Le citoyen FLOCH, *(avec feu.)*

Nous n'en reconnoissons plus.

Le père RENAUD.

Nous sommes républicains.
(On se jette sur eux & on les sépare.)

Le citoyen FLOCH.

Scélérats, assouvissez donc votre rage.
(Quelques brigands s'avancent vers la femme penchée sur son berceau.)

La citoyenne FLOCH.

Tigres, n'approchez pas : craignez la fureur d'une mère.
(Elle s'appercoit qu'on va frapper son père & son mari; & elle se jette aux pieds du chef.)

Ah ! qui que vous soyez, ayez pitié de mes larmes. Je suis fille, épouse & mère ; ah ! jugez de ma douleur.

(*Les brigands semblent n'attendre qu'un coup-d'œil du chef pour frapper.*)

Le Chef, (*faisant un signe repressif.*)

Pas encore..... (*A part*). Cette femme peut nous servir ; j'y puis compter avec de tels ôtages. (*Haut.*) Relevez-vous, madame : la vie de votre père, de votre mari, de votre fils est en vos mains.

La citoyenne Floch, (*très-vivement.*)

Parlez : que faut-il faire ? Je promets tout.... tout.

Le Chef, (*tirant une lettre de sa poche.*)

Une de nos colonnes est à deux lieues d'ici : je viens d'apprendre que Malestroit est dégarni de troupes ; que ses habitants sont dans une parfaite sécurité.... Voilà l'instant de l'attaquer avec succès. Portez cette lettre du chef de la colonne. Un de mes meilleurs chevaux vous attend à la porte. Volez.... ne craignez pas d'être arrêtée par les royalistes ; vous pénétrerez facilement avec les mots que je vais vous confier. (*Bas.*) *Robespierre* &

Louis XVI. (*Il tire sa montre*). (*Haut.*) Je vous donne deux heures : si vous me trahissez ou si vous tardez, vous ne retrouverez ici que les ruines de votre maison & les cadavres de ceux qui vous sont chers. (*Aux Chouans.*) Suivez-moi, vous autres, & emmenez-les.

(*La citoyenne Floch veut suivre son père & son mari ; on la repousse : elle vient retomber près du berceau de son fils.*)

SCENE IV.

La citoyenne FLOCH. CORNIQUET caché.

Quelle affreuse situation !.... Pauvre petit !....
Mon père ! mon époux !.... Les abandonner !....
Non, jamais....

Air : *Comment goûter quelque repos.*

Ah ! dans ces horribles moments,
Mon fils, tu redoubles ma peine.
Qu'au moins cette troupe inhumaine
Epargne tes jours innocents.
Cruels, vous immolez mon père,
Et vous m'arrachez mon époux !....
N'est-ce donc pas assez pour vous ?
Laissez cet enfant à sa mère.

Ils ne périront pas ; je vais remplir l'ordre cruel : je vais.... Arrête, malheureuse.... entends une voix secrète qui te dit....

Air : *Mourir pour la patrie.*

» Iras-tu livrer ton pays
A cette horde sanguinaire ?
Tu servirois ses ennemis !....
Ces vils brigands par toi conduits
Viendroient ravager cette terre !....
Sois républicaine ou péris.
Il faut à la patrie
Immoler les objets qui font aimer la vie. »

Seule !.....Si quelqu'un m'aidoit ! Un ami.... un voisin.... Corniquet !.... Oui.... Où est-il ?....

(*Elle apperçoit Corniquet qui entr'ouvre l'armoire.*)

Ah !

SCENE V.

La citoyenne FLOCH. CORNIQUET,
(*sortant à moitié*).

CORNIQUET.

Sont-ils partis ?....

La citoyenne FLOCH.

Oui : viens, viens.

CORNIQUET.

Ouf... je l'ai échappé belle !... Ces maudits Chouans !

La citoyenne FLOCH.

Aimes-tu ta patrie ?

CORNIQUET, (*souriant niaisement.*)

Oh ! pour c'qui est en cas d'ça.

La citoyenne FLOCH.

Te sens-tu un peu plus de courage que tout-à-l'heure.

CORNIQUET.

Voyons : questq'c'est ? Je sis brave à steure. V'là l' cœur qui me r'vient.

La citoyenne FLOCH.

Il s'agit de sauver ton pays.... Cours avertir la commune de Malestroit. Moi, j'irai prévenir les braves volontaires qui sont cantonnés à deux lieues d'ici ; je marcherai à leur tête ; je les guiderai, & nous viendrons ensemble exterminer ces ennemis de la république.

CORNIQUET.

Oh ! pas si bête ! pas si bête ! Ils n'avoient qu'à s'appercevoir d'ça.... Dam i'n'badîneroient pas.... C'est qui n'sont pas polis du tout ces Chouans.

Air : *Si de grand matin.*

La citoyenne FLOCH.

Vole sur mes pas.

CORNIQUET.

Ah ! je n'ose pas.

La citoyenne FLOCH.　　CORNIQUET.

Viens me seconder......　Je tremble.
Par nous avertis
Nos braves amis
Vont tous accourir......　Je tremble.
Quoi ! lâche ! Tu balance encor !　Je tremble.
Ose avec moi braver la mort....　Je tremble.

(*Point d'orgue.*)

La citoyenne FLOCH.

C'est un parti pris.

CORNIQUET.

Calmez vos esprits.

(*Ensemble.*)

Non, nous n'irons point ensemble.

C 2

La citoyenne FLOCH.

Tu ne mérites pas d'être associé à la gloire de cette action. Seule, je suffirai à tout : ô ma patrie, prête-moi de la force & des ailes.

SCÈNE VI.

CORNIQUET, (seul.)

Oh ! queu femme ! j'gag' quia pus d'esprit dans ce petit corps là que dans le mien..... Avec tout son esprit pourtant, al fait là une grande sottise : aller comme çà s'exposer ! j'aime bien mieux que ce soit elle que moi.

Air : *Eh ! mais oui dà.*

Dans pareille entreprise
Que j'aille m'engager !...
Non, non : quoi qu'on en dise,
J'évite le danger.
   Eh ! mais oui dà,
Comment peut-on trouver de mal à çà ?

J'aime bien la patrie ;
Je voudrois la sauver :
Mais j'aime aussi la vie ;
Je veux la conserver.
   Eh ! mais oui dà,
Beaucoup de gens ont pensé comme çi.

Eh ben ! je m'amuse à bavarder, tandis que je devrois être bien loin..... Il faut pourtant que je me sauve..... S'iz alloient me rencontrer ici !.... (*Du bruit.*) Ah ! mon Dieu ! les v'là qui viennent : i m'feront mourir de peur. (*Il se cache de nouveau dans l'armoire.*)

SCENE VII.

Les Brigands, RENAUD & FLOCH, *gardés à vue*, CORNIQUET *caché.*

Un des Brigands, *espèce de sous-officier.*

Eh bien ! y a-t-il quelque chose à piller ici ? Allons, camarades ; il ne faut pas se gêner ; nous sommes sur le pays conquis. (*A Floch.*) De l'or, des assignats, de l'argenterie.

Le citoyen FLOCH.

Vous ne trouverez ici que des vertus.
(*Les Brigands cherchent.*)

Le père RENAUD.

Mon ami, souffrons-nous assez ?

Le citoyen FLOCH.

Et vous, mon père, qui veniez habiter

notre maison : au même instant des scélérats viennent s'en emparer.

Le père RENAUD.

Je venois partager vos plaisirs ; il est bien juste que je partage vos peines... Faut-il ainsi supporter l'insolence de ces brigands ?

Le citoyen FLOCH.

La patrie ne m'en devient que plus chère. Celui-là l'aime véritablement qui supporte tous les maux pour elle. Périssons, mon père, & que la république triomphe ! Et ma femme... malheureuse... tu vas guider les satellites des tyrans ; tu vas racheter notre vie par une trahison.

Le père RENAUD.

Je ne peux m'imaginer que ma fille ait commis cette lâcheté... elle tient de son père ; elle aime sa patrie plus que sa famille.

LE BRIGAND, *(se rapprochant.)*

Eh bien ! qu'est ce qu'ils disent donc ceux-là?

Le citoyen FLOCH.

Scélérats, oserez-vous enchaîner jusqu'à notre pensée ?

LE BRIGAND, (à l'armoire)

Une armoire ! camarades, enfonçons !...
I... .... Voici des provisions ! ....
qu... ......aille ! un veau tout entier !
(*Ils accourent & tirent Corniquet de l'armoire.*)

Air : *Aye, aye, aye, Jeannette.*

Saisissez ce garnement ;
Il faut que ma main l'assomme.

CORNIQUET.

Mon cher monsieur le chouan,
Ayez pitié d'un pauvre homme.
Aye ! aye ! aye !
Aye ! aye ! aye !... De grace !
De grace, aye ! aye ! aye !

SCENE VIII.

Les précédents, LE CHEF, (*une lettre à la main... Fureur, inquiétude.*)

LE CHEF.

Que faites-vous de ce maraut ?

LE BRIGAND.

C'est un imbécille, un pauvre diable que la frayeur avoit caché dans cette armoire.

Le Chef, (*préoccupé.*)

Va-t-en.

Corniquet, (*s'esquivant.*)

Très-volontiers, je vous assure.

SCENE IX.

LE CHEF, (*en confidence à un des siens.*)

Je suis gonflé de fureur. La colonne de *St. Pavin* s'est présentée devant Malestroit : on étoit prévenu...

(*Floch & Renaud s'approchent & entendent ce que dit le Chef.*)

Elle a été repoussée. Nous sommes trahis... Cette femme sans doute... N'importe, voilà mes victimes. (*Elevant la voix.*) Qu'on les garde ici avec soin : une sentinelle à chaque porte, en dehors. Fais exécuter cet ordre sur le champ, & cours m'avertir au moindre mouvement. (*Ils sortent.*)

SCENE X.

RENAUD & FLOCH. (*Ils ont entendu l'à pasté du chef.*)

RENAUD.

Eh bien ! mon ami, mon cœur me le disoit : ma fille n'a point déshonoré son père, son époux ; elle n'a pas trahi son pays... Elle est encore digne de nous.

Le citoyen FLOCH.

Mon père, de quel poids je suis soulagé. Je craignois, je l'avoue, la foiblesse de son sexe ; je craignois jusqu'à son attachement pour nous. Mais d'après les discours de ce brigand, d'après ces signes d'une fureur concentrée, sans doute mon épouse a sauvé les habitants de Malestroit ; & loin de servir les rebelles, elle a causé leur défaite. Ah ! cette idée me console, & ôte à la mort, que j'attends avec calme, tout ce qu'elle pouvoit avoir de hideux & de poignant.

DUO.

Air : *Pauvre Jacques.*

Le citoyen FLOCH.

Ah ! mon père, peut-on craindre la mort,
Lorsqu'on s'immole à la patrie ?
Tout bon Français enviera notre sort,
Et la gloire est une autre vie.
(*Mineur.*)
Sur mon tombeau les pères attendris,
Les yeux baignés de douces larmes,
Diront un jour, en embrassant leurs fils :
Combien le devoir a de charmes !

Le père RENAUD.

Si ton père, dans les champs de la mort,
Pour un roi prodigua sa vie,
En ce moment qu'il doit bénir son sort !
Il va mourir pour la patrie.
(*Mineur.*)
Sur mon tombeau les vieillards attendris
Diront, versant de douces larmes :
Quand on a su vivre pour son pays,
Dans la mort on trouve des charmes.

Le père RENAUD, (*au berceau.*)

Il dort encore, être malheureux ! à peine entré dans le monde, tu vas en sortir ; ou si tu échappes à la férocité de nos ennemis, si tu revois le jour, tu ne reverras pas celui qui te l'a donné.

Le citoyen FLOCH,
(*vivement, & s'attendrissant par dégrés.*)

Mon père, sauvons-le ; épargnons un crime à ces brigands... Bientôt nous ne serons plus...

Qu'il vive lui !... qu'il vive pour sa mère !... qu'il vive pour la consoler !... Eloigné du sein qui le nourrit, il commence à sentir le besoin... O mon fils ! tes petits bras caressants ne s'étendront plus vers ton père... Lorsque tu seras en âge de marcher seul vers ma tombe, donne une larme à ma cendre chérie, & cours essuyer les pleurs de ta mère... Mais comment le soustraire à nos assassins ?... Si Corniquet ne s'étoit pas éloigné... Mais sa maison n'est pas loin ; il pourroit venir à travers le verger.

Le père RENAUD, (*à la fenêtre.*)

Je ne vois rien... Attends... Oui, le voilà. (*D'une voix étouffée.*) Corniquet ! Corniquet !

Le citoyen FLOCH, (*s'approchant.*)

Il ne nous entend pas.... Si nous avions quelque signe qu'il pût appercevoir.

Le père RENAUD, (*prenant une flamme tricolore.*)

Attends... Les brigands n'ont pas apperçu ces couleurs chéries... elles vont nous être utiles. (*Il va à la fenêtre & agite la flamme.*)

Le citoyen FLOCH.

Il nous regarde... Corniquet, Corniquet !

Le père RENAUD.

Il vient. Le voilà tout près.

SCENE XI.

Les précédents, CORNIQUET, *en dehors.*

Le citoyen FLOCH, *(portant le berceau à la fenêtre.)*

Mon ami, viens nous aider : au nom de Dieu, cache cet enfant ; porte-le dans le bois ; où tu voudras... Sauve-le.

CORNIQUET.

C'est-y ben difficile ? Et les bringands ?... I nous écoutent peut-être ben.

Le citoyen FLOCH.

Ne crains rien.

Le père RENAUD.

Mais la fenêtre est trop haute ; une corde ! vîte.

Le citoyen FLOCH.
(Il en cherche & en trouve une.)

En voici une.
(Il court à la fenêtre & arrange la corde.)

Air : *J'ai tout moissonné, je crois.*

Mon père, tout doucement :
Agissons avec prudence.

Le père RENAUD.

Tiens la corde fortement.
Bon, il est là-bas, je pense.

Le citoyen FLOCH.   Le père RENAUD.

Ah ! que Dieu soit ton re-   Dieu conservera ses jours :
  cours ;   De l'innocent c'est le re-
Pauvre enfant, qu'il sauve   cours.
  tes jours.

Le citoyen FLOCH, (*à Corniquet.*)

Veille sur lui, mon ami, aies-en bien soin ;
c'est le dernier service que tu nous rendras.

CORNIQUET.

Laissez faire : allez. Oh ! les bringands ne le verront pas.

SCÈNE XII.

FLOCH, RENAUD, les Brigands.

LE CHEF, (*furieux.*)

Tout est découvert ; cette femme nous a trahis : elle a révélé aux républicains le mot d'ordre que je lui avois confié, elle s'est servie de mon meilleur cheval pour prévenir les habitants de Malestroit, qui ont mis en déroute la colonne du chevalier de *St pavin*; & peut-être, par l'effet de sa perfidie, allons-nous être accablés. On a vu quelques bleus dans le lointain. Malédiction sur cette infernale femme!.. Mais elle nous a laissé des victimes... Que tout le monde s'apprête, et commençons par nous venger.

(*Il fait un signe et on lie les mains aux patriotes.*)
(*A quatre soldats.*)

Vos armes sont-elles en état ?

Le Brigand, (*qui a déja parlé.*)

Oui, commandant.

Le Chef, (*aux patriotes.*)

A genoux.

Le pere Renaud.

Des républicains savent mourir debout.

Le Chef.

Qu'on leur bande les yeux.

Le c. Floch.

Non..... Cette mort est trop belle; nous voulons la voir venir.

Le Chef, *(aux quatre soldats.)*

En joue sur ces coquins.

SCÈNE III.

Les précédents, la citoyenne FLOCH, un Officier républicain et plusieurs Volontaires.

La citoyenne Floch, *(se jetant sur les fusils.)*

Arrêtez, malheureux.

(L'officier républicain, au fond du théâtre, a terrassé le chef des brigands et l'empêche de faire le plus léger mouvement en lui mettant un pistolet sous la gorge. Les volontaires couchent en joue les brigands. La citoyenne Floch est au milieu des fusils de ces derniers. Floch et le père Renaud expriment par leur attitude leur étonnement.)

L'OFFICIER.

Bas les armes, scélérats.

(Les brigands baissent leurs fusils, les volontaires se jettent sur eux, tandis que la citoyenne Floch vole à son père et à son mari. Le chef des brigands est au milieu des siens.)

L'Officier, (*qui a arraché la cocarde blanche du chef.*)

Une cocarde blanche, exécrable signe du royalisme. (*Il la foule aux pieds.*)

La citoyenne Floch,

(*appercevant qu'ils ont les mains liées.*)

Des liens !... (*Elle les défait précipitamment & se rejette dans leurs bras.*)

Le citoyen Floch.

O ma bien-aimée ! tu sauves ton pays, & tu nous rends la vie.

Le pere Renaud.

Ma fille, ornement de ta patrie, honneur de ma vieillesse, je fus toujours heureux d'être ton père ; j'en suis fier en ce moment.

L'Officier.

Républicains, dignes amis, quel tableau pour mes regards ! quel charme pour mon cœur ! Combien je suis heureux d'être l'instrument dont le ciel s'est servi pour votre délivrance, & pour la gloire de la république !.. Mais nous devons tout... tout à cette excellente citoyenne. Elle a sauvé nos frères ; elle a conduit mes pas ; elle vous a rendus à la vie... Ah ! toutes les couronnes civiques lui sont dues ! Je publierai son courage, ses vertus sublimes..... La reconnoissance nationale va consacrer ce grand jour : les regards de la France entière vont se fixer sur ce modeste asyle, & la postérité saura qu'une Française républicaine a tout à la fois bien mérité de la patrie, de la nature, de l'amour & de l'amitié.

(*Pendant ce couplet la femme a jeté des regards inquiets dans la chambre, en cherchant le berceau de son fils.*)

La citoyenne Floch.

Dieu ! mon fils !.. Qu'est devenu mon fils ? Ah ! si les barbares.... (*A son mari.*) Réponds : où est mon fils ?..

Le citoyen Floch.

Calme-toi..... tu vas le revoir. Corniquet.... Mais le voici.

E

SCENE XIV.

Les précédents, CORNIQUET *portant le berceau.*

CORNIQUET, (*sautant niaisement.*)

JE suis bien aise que la république ait triomphé. Vive la république! Tenez, voisine, voici votre marmot : c'est moi pourtant qui l'ai sauvé, malgré tous ces vilains Chouans. Venez encore, comme tantôt, me dire que je ne suis qu'une bête. Comme ils s'enfuient tous ces brigands! (*S'approchant confidemment du père Renaud.*) Il y en a tout plein de tués, tout plein! tout plein! nous sommes les plus forts à présent.... Vive la république!

La citoyenne FLOCH,

(*Après avoir posé le berceau sur la table.*)

Pauvre petit!... tu as faim! tout-à-l'heure... tout-à-l'heure, mon fils...

L'OFFICIER.

Heureuse famille! Que de vertus se trouvent ici réunies!

Le citoyen FLOCH, (*aux volontaires.*)

Mes amis, mes libérateurs ! il ne faut pas que nous nous quittions sans trinquer ensemble : allons nous reposer dans la chambre voisine, & buvons à la république & à la Convention.

Le père RENAUD.

C'est bien penser, mon ami.

CORNIQUET.

Oh !! oui, c'est ben pensé da.... J'ai une soif que c'est incroyable. J'ai couru comme les Autrichiens aux champs de *Fleurus*.... Dam ! *sauve qui peut*, c'est mon principe à moi dans les cas difficiles.

Le père RENAUD.

Viens, ma fille, & sois sûre que je ne te parlerai plus du héros de l'ancien régime. D'Assas, le fameux d'Assas est surpassé.

La citoyenne FLOCH.

Que dites-vous, mon père ? De l'admiration pour une action simple qui étoit un devoir pour moi ! J'ai mis du zèle & de la

promptitude à prévenir nos braves amis......
Ils ont fait le reste. Oui, c'est à eux, à ces jeunes guerriers, à ces sauveurs de la république que nous devons aussi notre salut.

VAUDEVILLE.

Air : *On sacrifie à la patrie, &c.*

La citoyenne FLOCH.

Que peut-on aimer ici bas ?...
C'est son fils, son époux, son père.
Je le sens.... mais n'étois-je pas
Citoyenne avant d'être mère ?
Quand le devoir parle à son tour,
  Je sacrifie
  A la patrie
Mon fils, mon père & mon amour.

Le père RENAUD.

Mes amis, toujours la vertu
Obtient sa juste récompense.

(*A sa fille.*)

Si ton bonheur fut suspendu,
Pour ton cœur quelle jouissance ;
Car le ciel te rend en ce jour,
  Fille chérie,
  Une patrie,
Ton fils, ton père & ton amour.

Le citoyen Floch.

Eh ! que pouvoit sur moi le sort ?
J'avois les vertus de ma femme :
Tandis qu'on apprêtoit ma mort,
Une voix, au fond de mon ame,
Me disoit : il faut qu'en ce jour
  Tu sacrifie
  A la patrie
Ton bien, ta vie & ton amour.

L'officier.

Je suis jeune, je suis Français,
Et le plaisir m'est nécessaire :
J'aime à lire un prochain succès
Dans les yeux furtifs de Glycère ;
Mais au premier son du tambour,
  Je sacrifie
  A la patrie
Mon bien, ma vie & mon amour.

Corniquet.

Je rends hommage au vrai guerrier,
Sans en avoir le caractère ;
Et si je préfère au laurier
De vivre le plaisir vulgaire,
J'aime à voir qu'au son du tambour
  On sacrifie
  A sa patrie
Son bien, sa vie & son amour.

FIN.

www.ingramcontent.com/pod-product-compliance
Lightning Source LLC
Chambersburg PA
CBHW060513050426
42451CB00009B/969